Christof Weingärtner

American Monomyth - Geschichte, Struktur und Funktion im Überblick

GRIN Verlag

Bibliografische Information der Deutschen Nationalbibliothek:

Die Deutsche Bibliothek verzeichnet diese Publikation in der Deutschen National-
bibliografie; detaillierte bibliografische Daten sind im Internet über http://dnb.d-
nb.de/ abrufbar.

Impressum:

Copyright © 2002 GRIN Verlag GmbH
Druck und Bindung: Books on Demand GmbH, Norderstedt Germany
ISBN: 978-3-638-93611-8

Dieses Buch bei GRIN:

http://www.grin.com/de/e-book/19166/american-monomyth-geschichte-struktur-
und-funktion-im-ueberblick

Universität Siegen

Studiengang: Medienplanung, -Entwicklung und –Beratung
Seminar: Politikvermittlung in Unterhaltungsformaten
Semester: Wintersemester 2002/2003

Ausarbeitung des Referats

American Monomyth

Gliederung

1. Einleitung

2. Der klassische Mythos

3. Der Amerikanische Monomythos

4. Politikvermittlung im American Monomyth

5. Fazit

6. Literaturverzeichnis

1. Einleitung

Mythen sind überall auf der Welt allgegenwärtig. In jeder Epoche oder Kultur gab oder gibt es Mythen, die als Metaphern für den individuellen Entwicklungs- und Selbstfindungsprozess dienen und anhand derer das Individuum einen Teil von sich selbst zu erklären versucht. Zudem dienen sie als Möglichkeit, eine Kultur von einer anderen abzugrenzen und eine Gruppenidentität zu schaffen.

Nach Einzug der modernen Medien ist jedoch der klassische Mythos als Richtschnur für den individuellen und gesellschaftlichen Entwicklungsprozess in den Hintergrund geraten. Populäre Mythen werden heutzutage anhand von Filmen und Serien im Kino und im Fernsehen dem Zuschauer dargereicht. Ein bestimmter Typus eines modernen Mythos hat sich dabei in unserer Populärkultur besonders etablieren können: der American Monomyth. Inwieweit sich dieser von dem klassischen Mythos unterscheidet und inwieweit auch dieses Genre Symbole enthält und bestimmte Funktionen für das Individuum oder die Gesellschaft anbietet, möchte ich in dieser Arbeit untersuchen.

Hierzu werde ich in den folgenden zwei Kapiteln die Grundstrukturen des klassischen Mythos und des American Monomyth mit ihren Funktionen für das Individuum und die Gesellschaft darlegen. Im vierten Abschnitt soll aufgezeigt werden, inwieweit der American Monomyth bestehende politische Werte in seinen Narrationen umsetzt und diese seinen Rezipienten vermittelt.

2. Der klassische Mythos

2.1 Der Monomythos

Joseph Campell, der sein Leben lang Mythen von Völkern der verschiedensten Epochen und Kulturen zusammengetragen hat, um deren Gemeinsamkeiten zu ergründen, beschreibt den Mythos als „geheime(n) Zufluss (...), durch den die unerschöpflichen Energien des Kosmos in die Erscheinungen der menschlichen Kultur einströmen. Religionen, Philosophien, Künste, primitive und zivilisierte Gesellschaftsformen, die Unentdeckungen der Wissenschaft und Technik, selbst Träume, die den Schlaf erfüllen, all das gärt empor aus dem Grundklang des Mythos."[1] Er stellt den Mythos als eine Art universelle Geschichte dar, die die unterschiedlichsten Kulturen der Welt miteinander verbindet. Das Bindeglied ist dabei eine gemeinsame Struktur, die allen Mythen der Welt zu Grunde liegt. Diese nennt Campbell *Grammatik der Symbole* und die Geschichten, die auf ihr basieren, *Monomythos*.[2] Die meisten Mythen der Welt bauen auf dem einheitlichen Kern der Trennung – Initiation – Rückkehr auf, der die persönliche Transformation eines Helden thematisiert:

Es existiert ein Protagonist, hier treffender als Heros bezeichnet, der aus seiner angestammten Gemeinschaft, die ihn behütet, ausbricht. Er dringt in eine Welt ein, die von übernatürlichen Wundern geprägt ist und kämpft dort gegen eine Figur, die als tyrannisches Ungeheuer gekennzeichnet ist. Der Heros erringt einen entscheidenden Sieg und kehrt zurück in seine vertraute Gemeinschaft. Auf seiner Reise erhält er Fähigkeiten, die er an seine Mitmenschen dort weitergeben kann. Der Held unterzieht sich einer Transformation seiner Persönlichkeit, die als Metapher der unterschiedlichen Entwicklungsstufen des Menschen im wahren Leben verstanden werden kann.

---

[1] Campbell 1999, S. 13
[2] vgl. Campbell 1999, S.13 ff.

2.1 Funktionen des klassischen Mythos

2.1.1 - für das Individuum

Analog zum Transformationsprozess des Helden, deren einzelne Phasen Campbell als todähnlich beschreibt[3], erfolgt diese Entwicklung auch beim einzelnen Individuum. Die vom Helden durchlebten Stufen der Trennung, Initiation und Rückkehr entsprechen den Entwicklungsstufen, die jeder Mensch in seinem Prozess des Erwachsenwerdens durchlebt. Dieser beginnt mit dem Ende der unbekümmerten Kindheit, der Abkoppelung von den Eltern und einer damit einhergehenden Phase der Orientierungslosigkeit. Nachdem die Stufe der Identitätsfindung mit ihrer Suche nach der eigenen Position in der Gesellschaft abgeschlossen ist, kehrt der Held mit der Gründung einer eigenen Familie in die Gemeinschaft der Erwachsenen zurück.

Dies sind drei Entwicklungsstufen, die sich bei allen Menschen trotz individueller Unterschiede in ähnlicher Form gestalten. Dabei ist es gleich, in welcher Epoche er leben, aus welcher Kultur er entstammen oder welcher Bevölkerungsschicht er angehören mag, die Ziele und Bedürfnisse des Menschen für ein erfülltes Leben sind relativ kongruent. Sei es die Suche nach dem idealen Lebenspartner oder der Wunsch nach beruflicher Erfüllung, stets geht es darum, sich auf Basis der eigenen kognitiven Strukturen weiterzuentwickeln. Es lässt sich somit ein gemeinsamer Urquell dieser Erfahrungen konstatieren.

Mythen und Riten werden erzählt, um diese Entwicklungen zu unterstützen und auf bildhafte Weise zu verarbeiten. Sie können also als Symbole, die den Menschen in ihrem Prozess des Erwachsenwerdens fördern und weiterbringen, bezeichnet werden. Mittels der Identifikation mit dem mythischen Helden kann ein unbewusster Zusammenhang zu dem eigenen Leben abgeleitet werden. Folglich kann das Mitleiden mit dem Heros als eine Metapher für den Wunsch der Bewältigung eigener Probleme gedeutet werden und der glorreiche Sieg, der am Ende eines jeden Mythos steht, Ansporn sein, wirkliche Lebenskrisen durchzustehen.

2.1.2 - für eine Gemeinschaft

Während Mythen dem Individuum Symbole liefern, die den menschlichen Entwicklungsprozess fördern und unterstützen, basiert ihre gesellschaftliche Funktion eher auf dem Charakter der Identifikation. Mythen dienen hier vor allem als ein narratives Sinnbild für die Bildung eines Gemeinschafts- und Geschichtsbewusstseins. Mythen können den Prozess der Gründung einer Gemeinschaft demonstrieren und als deren Geburtslegende aufwarten. Hierbei entstehen konstante Werte und Normen, die von einer Gruppe akzeptiert und eingehalten werden und dem Veränderungsprozess als Konstante gegenüberstehen. Eine Abgleichung bzw. eine eventuelle Neubewertung dieser unter Berücksichtigung aktueller Gegebenheiten ist lediglich im Konsens der gesamten Gruppe möglich. Mythen beeinflussen die wechselnden Regierungen in ihrem Handeln und bieten das Formeninventar für die Abgrenzung zu anderen Gemeinschaften und Kulturen. Die mythischen Helden stehen neben den Mitgliedern der Gemeinschaft; sie verbindet die gemeinsame Sprache, gleiche Zeremonien und Rituale, die sie von anderen Gesellschaften unterscheidet.

Da im Mythos die innerhalb des menschlichen Erwartungssystems auftretenden Ängste und Impulse des alltäglichen Lebens verarbeitet werden, kämpft der mythische Held immer gegen einen Tyrannen, dem stets die gleichen negativen Eigenschaften zugeschrieben werden[4]. Es entsteht eine Freund-Feind-Dichotomie, die auch von einer Gemeinschaft angewandt wird, falls sie sich von einer anderen bedroht fühlen sollte. Abweichendes Verhalten innerhalb und außerhalb des vom Mythos vorgegebenen Wertekanons wird daher von den Gemeinschaftsmitgliedern mit Ausgrenzung bestraft.

---

[3] „als Mensch der Gegenwart ist der Held gestorben, als Mensch des Ewigen, als vollkommen gewordener, nicht auf Partikularitäten festgelegter, universaler Mensch wird er wiedergeboren."
(Campbell 1999, S. 26f.)
[4] z. B. die Gier auf Besitzrechte

3. Der Amerikanische Monomythos

3.1 Die Struktur des American Monomyth

Das in Kapitel 2.1 aufgezeigte Muster für klassische Mythen ist nicht typisch für das populäre Material der Unterhaltungsindustrie in Amerika. Zwar sind in diesem Genre immer noch Elemente des klassischen Monomythos enthalten und den gegenwärtigen Action- und Abenteuerfilmen kann immer noch ein mythisches Bewusstsein zugeschrieben werden[5]. Die Struktur des American Monomyth unterscheidet sich jedoch von der des klassischen Monomythos:

Am Anfang steht eine paradiesartige, harmonische Gemeinschaft, die vom Bösen bedroht wird (z. B. Terroristen, Naturkatastrophen, aber auch innere Auseinandersetzungen). Die herkömmlichen, demokratisch legitimierten Institutionen, die üblicherweise mit der Behebung solcher Unregelmäßigkeiten betraut sind, unterliegen dieser Drohung. Es tritt ein selbstloser Superheld hervor, der sich der Aufgabe annimmt, die Gemeinschaft zu erlösen. Er erringt mit Hilfe des Schicksals einen entscheidenden Sieg. Am Ende wird der paradiesartige Zustand der Gesellschaft wiederhergestellt und der Held tritt aus dem Bereich des öffentlichen Interesses zurück ins Unklare.

3.2 Die Darstellung des Helden

Während der klassische Monomythos auf Riten des Ursprungs basiert, entstammt der American Monomyth laut Jewett/ Lawrence eher den Geschichten biblischer Erlösungsszenarien[6] und stellt damit eine Verweltlichung der christlichen Erlösung dar. Der Held agiert als eine Art Jesus-Ersatz, als selbstloser Diener, der mit ungebrochenem Eifer seine Aufgabe bekleidet und dabei von seinem Schicksal geleitet wird. Hierbei kann er übermenschliche Kräfte entwickeln, Unsterblichkeit und Unverwundbarkeit während seiner Mission erlangen. Er bietet sein Leben an, um das Böse aus der Gemeinschaft herauszutreiben und verlässt sich bei diesem Kampf auf seine Intuition.

---

[5] Am Ende der Geschichte steht der Erfolg des Helden.
[6] Vgl. Jewett/ Lawrence 1988, S. xii

Oft ist es ein Alltagsheld, der einem typisch mittelständischen Beruf nachgeht und entweder in kein oder in ein problematisches Partnerschaftsverhältnis involviert ist. Erst mit Ausbruch der Bedrohung erlangt er die charakteristischen Merkmale des Helden. Während seiner Mission muss er dabei sämtlichen Versuchungen widerstehen und sich uneigennützig seiner Aufgabe widmen, da eine emotionale Involvierung als Risiko für die Bewältigung der Aufgabe betrachtet werden kann. Der Heros würde sich erpress- bzw. manipulierbar machen, was dem Erreichen des Status der selbstlosen Perfektion, der Verkörperung der Erlöserfigur, nicht zuträglich wäre. Nach Abwendung der Gefahr tritt der Held in seine Alltagsexistenz zurück und verschwindet wieder aus dem öffentlichen Raum. Zur Belohnung für seine Selbstaufopferung für die Gemeinschaft erlangt er meist eine dauerhafte Liebesbeziehung bzw. eine Einbindung in eine Familie.

Der Heros kann entweder mit roher Gewalt oder auch mit argumentativen Mitteln gegen die Bedrohung vorgehen. Während der gewalttätige Held die Legitimation erhält, sämtliche Feinde auszulöschen, agiert der sogenannte „Heidi-Redeemer"[7] vielmehr religiös bzw. psychologisch manipulativ. Dieser bringt die verstörten und vom Bösen verführten Gemeinschaftsmitglieder mit Hilfe rhetorischer Mittel auf den Pfad der Tugend zurück.

3.3 Funktionen

Ähnlich wie beim klassischen Mythos identifiziert sich der Zuschauer mit dem Helden. Hierbei ist es jedoch weniger seine persönliche Entwicklung bei deren Verarbeitung die Transformation des Heros im übertragenen Sinne Hilfestellung leistet. Vielmehr befriedigt ein Kinobesuch oder ein Fernsehabend die Fantasie des Rezipienten in einer eskapistischen Form. Der Zuschauer kann auf eine externe Welt zugreifen, die ihm Gratifikationen anbietet, auf die er im wirklichen Leben nicht zugreifen kann. Seine alltäglichen Probleme projiziert er auf den Helden, der ihm Lösungsvorschläge an- bietet, die im realen Leben nicht verwirklicht werden können. Die Tatsache, dass sich der Held gewaltsam gegen seine Feinde wehren kann, ohne Repressionen befürchten zu müssen, dient für ihn als ein Gelegenheit, reale Konflikte, die nicht mit bloßer Gewalt gelöst werden können, zu kompensieren.

---

[7] vgl. Jewett/Lawrence, S. 106 ff.

Die Filme des Genres bieten beständig vorhersagbare Geschichten, die sich in ihrer Grundstruktur kaum unterscheiden. Aus diesem Grund können sie die oben genannte Art der Bedürfnisbefriedigung stets anbieten.[8] Ob mit gewaltsamen oder argumentativen Mitteln, der Held erringt am Ende immer einen entscheidenden Sieg. Er wird zur Identifikationsfigur mit Vorbildcharakter.

3.4 Entstehungsgeschichte

3.4.1 Paradiesische Zustände

Da sich der Amerikanische von dem klassischen Monomythos unterscheidet, ist ein besonderes Augenmerk auf seine Entstehungsgeschichte zu legen. Jede Geschichte dieses Genres beginnt und endet in einer Gemeinschaft in paradiesartigen Zuständen, deren Mitglieder ein harmonisches Miteinander pflegen. Vor der Intervention des Bösen sind keine Anzeichen der nahenden Störung zu bemerken. Dieses Modell einer Midwestern Town, der Hochburgen der Puritaner im 19. Jahrhundert, deren gegenwärtige reale Vertreter keinesfalls mit diesen paradiesischen Verhältnissen konkurrieren können (hohe Fluktuation, Depressionen der Bevölkerung, Konflikte mit staatlichen und kirchlichen Einrichtungen etc.), repräsentieren im Film das Pendant zum Garten Eden, welches vom Bösen heimgesucht wird. Die Metapher vom Paradies entstand bereits mit dem Beginn der Besiedlung der „Neuen Welt". Amerika galt als versprochenes Land und als ideale Region, um ein neues Leben zu beginnen.

3.4.2 Bedrohung des Paradieses

Die erste Bedrohung dieser Zustände tauchte in Form von Indianern auf, die ihr angestammtes Land verteidigten. In der Literatur wurde dies bereits ab ca. 1682 thematisiert: In der Novelle „The Sovereignty and Goodness of God ... a Narrative of the Captivity and Restauration" von Mary Rowlandson wird der Kampf der Siedler gegen die Indianer beschrieben. Die Indianer werden dabei als Sinnbild des Bösen charakterisiert, die die Familien friedlebender Siedler bedrohen und zerstören. Diese

---

[8] John Cawelty: „"strongly conventionalized narrative types (...) are so widely appealing because they enable people to re-enact and temporarily resolve widely shared conflicts""" (Campbell 1988, S. xi)

zeigen sich resistent gegen die Versuchungen des indianischen Lebens, befreien ihre Familien und erlangen dadurch Heldenstatus.

Die nächste Bedrohung der paradiesischen Verhältnisse findet durch die Bevormundung und Geißelung durch den Kolonialherren England statt. Im Unabhängigkeitskrieg zwischen 1775 und 1783 und mit der Unabhängigkeitserklärung 1776 gilt es als oberste Bürgerpflicht, sich von dem Despoten zu befreien. Die Anerkennung der Unabhängigkeit der Vereinigten Staaten von Amerika durch England kann als weiterer Erfolg verbucht werden, der alsbald auch in Erzählungen thematisiert wird. Die paradiesischen Zustände werden durch eigene Kraft wiederhergestellt.

Ende des 19 Jahrhunderts beeinträchtigen vor allem Naturkatastrophen das gerade anlaufende wirtschaftliche Wachstum. Während zu Beginn der Besiedlung Amerikas Naturkatastrophen noch als Bestrafung Gottes für moralische Vergehen gedeutet werden, beginnt sich nunmehr die Auffassung herauszukristallisieren, dass auch diese ein weiteres Sinnbild des Bösen darstellen. Nach Jahrzehnten der Bedrohung der verschiedensten Arten manifestiert sich schließlich der Mythos der unschuldigen Gesellschaft, die vom Bösen heimgesucht wird.

3.4.3 Selbstjustiz

Durch das Fehlen einer effektiven nationalen Polizei aufgrund des Kampfes gegen Indianer und des Civil War, wird Selbstjustiz in den nunmehr wenig rechtsgeschützten Räumen als Mittel der Verteidigung des Lebens und des Besitzes der Nachbarn und der eigenen Familie gerechtfertigt. Auf Basis der Nachbarschaftshilfe bewaffnen sich immer mehr einzelne Bürger, um sich als „Desperados" auf Seiten der Gerechtigkeit gegen vermeintlich Kriminelle zu wehren. In der Literatur manifestiert sich deshalb die Figur des „einsamen Reiters", der gegen die Feinde der Demokratie ankämpft und bedrohte Farmer beschützt. In der Literatur entstand laut Jewett/Lawrence[9] auch aufgrund dieser Entwicklungen ein narratives Muster, welches erstmals in der 1929 auch verfilmten Novelle „The Virginian" auftaucht. Dieses Muster wurde oft kopiert und wird bis heute in amerikanischen Erzählungen verwendet:

---

[9] vgl. Jewett/Lawrence 1988, S. 184 f.

Ein einzelner Held beschützt eine bedrohte Gemeinschaft mittels selbstjustizieller Gewalt, welche moralisiert und gerechtfertigt wird, da dabei die Interessen eines Kollektivs vertreten werden, welches als moralisch handelnd und unschuldig dargestellt wird. Eine dramatische Gegenüberstellung von Held und Feind mittels eines Duells ist dabei erforderlich. Die Figur des Virginians tritt dabei als ein einsamer Reiter auf, der selbstlos agiert, Provokationen erst widersteht, aber dann doch widerwillig tötet, weil es für die Wiederherstellung des gesellschaftlichen Heils notwendig erscheint. Bis heute hat sich dieses Muster der Wehrhaftigkeit im Bewusstsein vieler Amerikaner aufrechterhalten. Obwohl aufgrund eines funktionierenden Rechtssystem die Verteidigung der Besitzstände nach „Cowboy-Manier" kaum mehr notwendig ist, halten viele Staaten in ihrer Verfassung daran fest. Der US-Bürgers erhält die Legitimation des Waffenbesitzes, und die starke Waffenlobby trotzt dabei jeder Diskussion um die hohe Gewalttätigkeitsrate.

3.4.4 Weitere Entwicklungen in den 30er Jahren

In den dreißiger Jahren des 20 Jahrhunderts werden dem amerikanisch-monomythischen Helden übermenschliche Kräfte zugesprochen. In einer Zeit der wirtschaftlichen Depression sieht sich der amerikanische Bürger schutzlos den drohenden Unwägbarkeiten ausgeliefert. Er kann sich nunmehr mit neuen Heldentypen, die in der aktuellen populären Darstellungsform des Comics auftreten, identifizieren. Diese können sich mit Hilfe von speziellen Kräften gegen ihre Feinde durchsetzen. Immer neue Figuren entstehen und ihre übernatürlichen Fähigkeiten werden mitunter auch ausgeweitet[10]. Durch die Serienproduktion der Comicprodukte wird die Uneigennützigkeit und der sexuelle Verzicht des Heros[11] permanent, da er sich in jeder Episode neuen Aufgaben stellen muss und eine emotionale Involvierung den Handlungsablauf stören würde. Das sehr erfolgreiche Radiohörspiel „Lone Ranger", von dem 2956 Folgen zwischen 1933 und 1954 gesendet wurden, macht die nunmehr vorherrschende Form des Heldentypus in seiner Anfangssequenz evident.[12] Diese basiert auf den Eigenschaften des idealistischen Einzelgängers, der eine selbstlose Motivation zur Verteidigung Gerechtigkeit bekleidet; seine Identität tritt dabei in den

---

[10] Superman konnte in den ersten Comics lediglich Sprünge vollziehen. Erst im Spielfilm erlangte er die Fähigkeit des Fliegens, welche in den folgenden Comics übernommen wurde. (vgl. Jewett/Lawrence 1988, S. 191)
[11] vgl. Kap. 3.2

Hintergrund. Für die Dauer seiner Mission übt er sexuelle Enthaltsamkeit und widersteht allen Versuchungen. Provokationen gegenüber zeigt er sich geduldig, besiegt seinen Feind schließlich auf gewaltsame Art und Weise und befriedigt damit seine eigenen Rachegelüste und die der bedrohten Gemeinschaft.

Die Struktur des klassischen Monomythos mit seinem Helden, der gegen einen Tyrannen kämpft, diesen letztendlich glorreich besiegt und seiner Gemeinschaft durch seine gewonnenen Erfahrungen einen Nutzen bringt, kombiniert mit der Geschichte der Vereinigten Staaten und der Metapher des bedrohten Paradieses, ergibt die Grundstruktur des American Monomyth, die in diesem Stadium ihren vorläufigen Abschluss findet. Auch die Charaktereigenschaften des typischen Helden sind nun insoweit ausdifferenziert, als dass sie nunmehr in unzähligen Erzählungen stereotyp eingesetzt werden können.

3.5 Moralverständnis

In Filmen des Genres wird vor allem die Zerbrechlichkeit der sozialen Existenz thematisiert. Katastrophen sind im wahren Leben trotz des technologischen Fortschritts nicht zu vermeiden. Es existieren keinerlei Erklärungsmuster für den Anlass des Ausbruchs einer Katastrophe. Der amerikanisch monomythische Film weicht dabei von der Realität ab: Das Böse scheint zwar immer unvorhergesehen eine anscheinend unschuldige Gemeinschaft zu bedrohen, jedoch gehen der Intervention oft moralische Verstöße einzelner Gruppenmitglieder voraus, die als Auslöser für eine Bestrafung durch eine übergeordnete Instanz gedeutet werden können. Man kann dies auch als eine modernisierte Form des biblischen Mythos des Turmbaus zu Babel deuten[13]: Ein Vergehen, das die vorherrschenden moralischen Normen untergräbt, wird durch den Eingriff des Schöpfers sanktioniert. Die Verwendung des Musters der moralischen Zerstörung geht dabei in dem Genre so weit, dass es von moralischen Stereotypen beherrscht wird. Einem Schicksalsschlag, den die Gemeinschaft trifft, geht meistens ein Verstoß gegen geltende moralische Werte hervor. Sei es durch sexuelle Freizügigkeit einzelner Gemeinschaftsmitglieder im Weißen Hai, die einen Angriff auf die

---

[12] „"This is the legend of a man who buried his identity to dedicate his life to the service of humanity and country (…) early settlers in the West had to be brave men and women (…) there was danger on every side, wild beasts, savage Indians, and the Cavendish gang.""" (zit. nach Jewett/Lawrence 1988, S. 186)
[13] vgl. Jewett/ Lawrence 1988, S. 142 ff.

Gemeinschaft rechtfertigt oder die Ausbeutung der Natur in Filmen mit einer Bedrohung in Form einer Naturkatastrophe.

Der Grund für diesen Zusammenhang kann als Versuch gedeutet werden, die Konsequenzen des gegenwärtigen Lifestyles in einer Überflussgesellschaft tragen zu wollen. Das schlechte Gewissen, das aus moralischem Fehlverhalten resultiert, wird auf die Narration übertragen und eine gerechte Bestrafung im eskapistischen Sinne[14] erwartet. Die Verantwortung für moralische Fehltritte wird somit mit der Verschiebung der Aufmerksamkeit von der Realität auf die Illusion abgewälzt.

4. Politikvermittlung im American Monomyth

4.1 Die politischen Traditionen der USA

4.1.1 Die vier Traditionslinien

Aufgrund der vielfältigen Entwicklungsgeschichte der USA und der unterschiedlichen Herkunftskulturen der Immigranten haben sich dort verschiedene politische Traditionslinien manifestiert. Bellah vermochte diese anhand ihrer Muster in vier Hauptströmungen einzuteilen: Demnach existieren je zwei individualistische bzw. liberale, die utilitaristische und expressive, und mit der biblischen und republikanistischen zwei gemeinschaftlich orientierte politisch-kulturelle Traditionen:[15]

In der moralistischen Tradition des Republikanimus wird von den Gemeinschaftsmitgliedern engagiertes und selbstloses Handeln erwartet. Politik wird nicht als vorgesetzte Institution begriffen, sondern als Angelegenheit eines jedes Bürgers. Jeder einzelne wird zur Partizipation und Mitgestaltung aufgefordert, um das Gemeinwohl zu erhalten und zu fördern. Hierbei gilt es für das gemeinschaftliche Interesse individuelle Wünsche zurückzustellen. Der Freiheitsbegriff der republikanistischen Tradition ist der der Freiheit zur Mitgestaltung.

---

[14] hierzu auch Kap. 3.3
[15] vgl. Dörner 2000 S. 215 ff.

Im Gegensatz zur Tradition des Republikanimus ist in der biblischen Tradition die Steuerungsgröße, gemeinschaftliches Miteinander zu regeln, weniger die Aufforderung zur politischen Mitgestaltung, sondern vielmehr das christliche Gewissen und damit die Verpflichtung des eigenen Lebens zum Guten. Hier gilt es gegen Autoritäten anzukämpfen, die sich über diese moralischen Werte hinwegsetzen und eine Bedrohung der biblischen Gemeinschaft darstellen. Diese charakterisiert sich durch Solidarität; der einzelne opfert sich für die Gruppe auf. Freiheit ist nur dann möglich, wenn sich jeder an den christlichen Werten orientiert.

Für die utilitaristisch-individualistische Tradition steht die nutzenorientierte Lebensführung. Jedes Individuum ist für sein eigenes Schicksal selbst verantwortlich. Politik tritt dabei in den Hintergrund und operiert dabei lediglich als Institution, die den Rahmen schafft, um die freie Entfaltung des einzelnen zu ermöglichen. Der private Raum der Familie und des Freundeskreises ist dabei die einzig relevante gemeinschafts- orientierte Aktionsfläche des utilitaristisch-individualistischen Akteurs. Der berühmte Mythos des Tellerwäschers, der zum Millionär wurde hat in dieser Traditionsströmung seinen Ursprung.

Der expressive Individualismus zeichnet sich schließlich durch die Ablehnung jeglicher Zwänge und Konventionen ab. Der Hedonismus wird propagiert und die Darstellung des Selbst ist wichtigster Bestandteil der persönlichen Entwicklung. Hier gilt es auch, Obrigkeiten abzulehnen und gegebenenfalls ihnen entgegenzutreten, wenn diese die persönliche Freiheit behindern. Der expressive Individualismus ist eine Antihaltung zu den gesellschaftlichen Normen, die Selbstfindung wird über die gesellschaftliche Entwicklung gestellt.

4.1.2 Die politischen Traditionen der USA als Bestandteil des American Monomyth

Die genannten Traditionslinien sind aufgrund ihrer Allgegenwärtigkeit im sozialen Leben der USA auch Substanz in den Narrationen des American Monomyth. Laut Dörner erfolgt in sämtlichen Geschichten des Genres „ein Syntheseangebot von individualistischen und gemeinschaftlichen Traditionen, das für die Vorstellungswelt des unterhaltungskulturell sozialisierten Publikums von höchster Relevanz ist"[16]: Ein Held steht mit seinem individuellen Handeln für die Gemeinschaft ein. Eine

---

[16] Dörner 2000, S. 208

Traditionslinie ist dabei stets dominant. Daneben werden aber oft Elemente weiterer Strömungen aufgegriffen, so dass in den Filmen sowohl individuelle als auch gemeinschaftsorientierte Werte vermittelt werden.

Der republikanisch-gemeinschaftlich orientierte Held tritt dabei meist gegen eine korrupte Politik und setzt sich selbstlos für eine integere Regierung ein, indem er die Interessen der Gemeinschaft gegen die eigennützigen Absichten des Kontrahenten vertritt. Starre und träge gewordene demokratische Institutionen, die ihrer Funktion zur Abwendung von Gefahren nicht mehr nachkommen können, werden aufgebrochen, indem der Held zivilen Ungehorsam übt. Meist sind sich die Mitglieder der bedrohten Gemeinschaft nicht bewusst, „dass die eigentliche Gefährdung nicht von irgendwelchen Schurken ausgeht, sondern vom moralischen Verfall einer Welt."[17] Der Held demonstriert ihnen, dass ihr mangelndes politisches Engagement und ihre Lethargie die Bedrohung zu verantworten haben. Gewalt zur Konfliktlösung wird als probates Mittel zur Abwendung der Gefahr legitimiert; der Held nimmt sein (nach republikanischer Auffassung aufgrund der Tradition statthaftes) Recht auf Selbstverteidigung war, da die öffentlichen Institutionen wie Polizei etc. versagen.[18]

Der typische Held der biblischen Tradition lebt in einer Gruppe, die füreinander einsteht. Er opfert sich für seine Gruppe auf, doch auch jedes andere Mitglied würde dies tun. Der Bestand der Gemeinschaft ist von der Partizipation jedes einzelnen abhängig und somit entwickeln sich sämtliche Gruppenmitglieder weiter und gewinnen an Erfahrungen dazu. In Filmen wird dieses moralische Gemeinschaftsideal oft durch die Kameradschaft einer militärischen Einheit repräsentiert, die in einer Kriegssituation immer stärker zusammenwächst. Das Individuum kann in einer solchen Situation nur im Zusammenhang mit der Gruppe an Orientierung hinzugewinnen.

Der utilitaristisch-individuelle Held strebt nach beruflichem Erfolg, finanzieller Unabhängigkeit und Wohlstand. Diese Aspekte und die Einbindung in eine Familie sind die notwendigen Voraussetzungen für sein sorgenfreies Leben und soziale Anerkennung. Um dies zu erreichen kann er auf staatliche Institutionen verzichten. Während seiner Intervention gegen die Gefahr macht er eine Entwicklung durch, die ihn erst dazu befähigt, diese Elemente in sein Leben zu integrieren. Zu Beginn ist er meist

---

[17] Dörner 2000, S. 274
[18] vgl. Kap. 3.4.3

13

unzufrieden, da er unter einem persönlichen Konflikt leidet, der nach seiner Heldentat aber verschwindet. Der Held der utilitaristisch-individuellen Tradition vollzieht somit eine ähnliche Transformation wie der klassische Held.[19] Er wird aufgrund seiner Tat erwachsen und aufgrund dessen erst in die Gesellschaft integriert.

Auch der expressiv-individualistische Held sucht einen Weg, sich selbst zu behaupten und zu einer eigenständigen Identität zu entwickeln. Hierbei benötigt er jedoch keine Einbindung in eine Gruppe, sondern macht sich frei von jeglichen Bindungen und erhebt den Anspruch auf persönliche Freiheit. Er lehnt Bevormundungen ab, sei es durch staatliche Institutionen oder auch gemeinschaftliche Auflagen, und versucht eine Gegenposition einzunehmen. Auch hier besteht am Anfang eine gewisse Sinn- und Orientierungslosigkeit des Helden. Die Selbstfindung geht letztendlich mit der Rettung der Gemeinschaft einher.

4.2. Popfaschismus vs. Demokratieverteidigung

Jewett und Lawrence werfen den Filmen des amerikanisch-monomythischen Genres vor, faschistoide Tendenzen zu bekleiden und sehen damit einen Widerspruch in dem Selbstbewusstsein der US-Amerikaner, die einerseits ihre demokratischen Werte nach außen repräsentieren, aber andererseits Filme verbreiten, die totalitaristische Elemente enthalten sollen.[20] Den Filmen wird die Vermittlung demokratischer Werte abge- sprochen, da demokratisch legitimierte Institutionen, die größtenteils als chaotisch, weltfremd, unbeweglich, irrational oder korrupt dargestellt werden, einer Bedrohung unterliegen.

Es bedarf somit immer einer Figur, die sich über diese Einrichtungen hinwegsetzt, um die Ordnung wiederherzustellen. Diese tritt stets in Form eines Einzelhelden hervor, der die Führung übernimmt und ohne demokratische Legitimation intuitiv über das Wohl der Gemeinschaft bestimmt. Hierbei wird laut Jewett und Lawrence dem Zuschauer suggeriert, dass es nicht nötig ist, verfassungsmäßige Prozesse abzuwarten und klare, einfache Entscheidungen Kompromissen vorzuziehen sind. Die Komplexität des wahren Lebens wird durch blinden Instinkt ersetzt und eine Komplexitätsreduktion findet statt,

---

[19] vgl. Kap. 2.1.1
[20] vgl. Jewett/Lawrence 1988, S. 248 ff.

indem die Welt in Gut und Böse eingeteilt und das Böse als auslöschenswert deklariert wird. Da der Held auch gewalttätig gegen die Widersacher vorgehen darf und damit das Gewaltmonopol des Staates ausgehebelt und auf den Helden übertragen wird, könnte auch bei dem Zuschauer die Hemmschwelle fallen, bei realen politischen Konfrontationen, gewaltsame Lösungen zu tolerieren und als einfache Entscheidungen zu legitimieren.

Die Bildsprache einiger Filme weist nach Jewett/Lawrence faschistoide Tendenzen auf. So korrespondiert die Schlussszene des ersten Teils von *Star Wars* mit seiner Inszenierung eines Massenspaliers und den verwendeten Architekturelementen mit Leni Riefenstahls *Triumph des Willens* des Nürnberger Reichsparteitages der NSDAP von 1934.[21]

Aufgrund dieser Tendenzen behaupten Jewett/ Lawrence, dass sich das Auseinanderhalten der gegensätzlichen Werte der gesellschaftlich propagierten Demokratie und der in den Filmen abgebildeten Einflüsse des Totalitarismus für den Rezipienten als schwierig erweist. Diese Strömung wird zum Pop-Faschismus deklariert, der sich aufgrund seiner weltweiten Verbreitung durch amerikanische Filme kontinuierlich zum Mainstream entwickelt[22] und den Produkten des Genres wird vorgeworfen, als populäre Mythen die emotionale Basis für eine gewaltsame Politik zu schaffen.

Jewett und Lawrence weisen dem Genre des American Monomyths die Eigenschaft zu, als manipulatives Instrument den Rezipienten für bestimmte Ziele instrumentalisieren zu können. Machthaber wissen mit diesem umzugehen, um bestimmte Entscheidungen populär zu machen. Dieser generelle Missbrauchsvorwurf lässt sich jedoch nicht aufrechterhalten. Das Gewaltmonopol des Staates wird zwar bei der Intervention des einzelnen Superhelden aufgebrochen, dies geschieht jedoch erst dann, wenn sämtliche demokratische Institutionen versagt haben. In der republikanistischen Tradition ist jeder Bürger dazu verpflichtet, seinen Beitrag für die Gemeinschaft zu leisten, um Bedrohungen abzuwehren und die demokratischen Werte aufrechtzuerhalten.[23] Dies ist in Produkten des American Monomyth bei Eintreten der Gefahr nicht gewährleistet. Die Mitglieder sind nicht in der Lage diese abzuwenden und verfallen in Lethargie. Es

---

[21] vgl. Jewett/Lawrence 1988, S. 256 ff.
[22] ebd.

bedarf einer Regelung, die der Krisenintervention von Notstandsgesetzen gleicht. Hierbei kann in vielen demokratischen Staaten für einen absehbaren Zeitraum die Demokratie außer Kraft gesetzt werden, um effektivere Entscheidungen für eine Abwehr einer gewaltsamen Macht zu gewährleisten, die die Gemeinschaft bedroht. In Kriegssituationen werden dabei auch die Menschenrechte teilweise außer Kraft gesetzt.

Die Intervention eines Helden ist somit mit der Perpetuierung eines Ausnahmezustandes zu vergleichen, da er als Personifikation einer wehrhaften Demokratie nach seiner Mission zurücktritt und die Macht den demokratischen Institution, die sich inzwischen von ihren Mängeln befreit haben, wieder übergibt. Gewalt übt er nur dann aus, wenn der Konflikt als kriegsähnlich gezeichnet ist und der Gegner ebenfalls gewaltsame Mittel einsetzt. Hierbei tötet der Held nur eindeutig die als Feind deklarierten Akteure und schützt Zivilisten, die vom Gegner meist nicht verschont werden. Der Held handelt also als Soldat, der unter Berücksichtigung der Regeln der Verhältnismäßigkeit die Legitimation erhält, Gewalt anzuwenden, um Schlimmeres zu verhindern. Eine latente Faschismusgefahr bestünde nur dann, wenn nach der Operation die demokratischen Strukturen nicht wiederhergestellt würden. Dies ist jedoch im Genre des American Monomyth nicht der Fall, da der Held nach seiner Mission die politische Bühne wieder verlässt.

Jewett/Lawrence werfen dem Genre vor, eine Gut-Böse-Dichotomie zu verwenden, die den Aufbau von Feindbildern erleichtert und die gesellschaftliche Akzeptanz für eine Kriegsführung herstellen soll. Dieser Aspekt ist jedoch bereits Bestandteil des klassischen Mythos, in dem der Held gegen ein Ungeheuer kämpft, welches eindeutig als Tyrann charakterisiert wird. Mythen, die zur Verarbeitung menschlicher Erfahrungen genutzt werden, greifen die Dichotomie auf, da sie als Bestandteil der Komplexitätsreduktion für die psychische Verarbeitung bei jedem Menschen vorhanden ist und insofern im American Monomyth nur übernommen wird. Ein genereller Missbrauchsverdacht, eine bestimmte Ideologie propagieren zu wollen, kann daher auch in diesem Fall zurückgewiesen werden.

Ebenso ist dies bei der Bildsprache der Fall: Es ist nicht der Monomythos, der faschistoide Elemente verwendet, sondern es war das nationalsozialistische Regime, dass sich klassischer mythischer Symbole bediente. So existierten Massenszenen und

---

[23] vgl. Kap. 4.1

Monumentalarchitektur bereits in griechischen und ägyptischen Mythologien. Die Zuschreibung faschistoider Tendenzen, kann man somit unter Berücksichtigung der Struktur klassischer Mythen und der US-Amerikanischen Geschichte mit ihren unterschiedlichen Traditionsströmungen entkräften.

5. Fazit

Wie der klassische Mythos liefert der American Monomyth dem Individuum Symbole, die den menschlichen Entwicklungsprozess fördern und unterstützen. Dies beschränkt sich allerdings auf die eskapistische Form, nämlich der Flucht vor dem Alltag und die Gratifikation, die das Individuum durch die Projektion seiner Alltagsprobleme auf den Helden erlangt. Der universelle Initiationsritus wird lediglich im klassischen Mythos angesprochen, die menschliche Fortentwicklung und der Prozess des Erwachsen-werdens werden im American Monomyth meist nur peripher behandelt. Lediglich in Narrationen mit Fokus auf die utilitaristisch-individuelle und teilweise die biblisch-gemeinschaftsorientierte Tradition,[24] macht der Held eine signifikante persönliche Entwicklung durch, die den klassischen Mythen ähnelt.

Der American Monomyth dient wie der klassische Mythos als ein narratives Sinnbild für ein gemeinsames Werte- und Geschichtsbewusstsein einer Gemeinschaft. Da die gewachsenen Strukturen und Traditionsströmungen allesamt im monomythischen Material verarbeitet werden, findet sich dort ein Wertekanon wieder, der das Formeninventar für die Abgrenzung der eigenen zu anderen Kulturen vermittelt. Hierbei ist trotz der einheitlichen Struktur eine gewisse Vielseitigkeit vorhanden, da sich die gemeinschaftlich und die individualistisch orientierten Traditionsströmungen stark voneinander unterscheiden und diese in den verschiedenen Filmen unterschiedlich akzentuiert werden. Da aber der amerikanische Film weltweit präsent ist, wirken bestimmte Elemente des Monomythos aufgrund seiner spezifischen geschichtlichen Entwicklung auf andere Kulturen teilweise sonderbar und nicht nachvollziehbar.

---

[24] hier jedoch meist im gemeinschaftlichen Konsens (vgl. auch Kap. 4.1.2)

6. Literaturverzeichnis

Campbell, Joseph: Der Heros in tausend Gestalten. Frankfurt am Main [u.a.]: Insel-Verl. 1999

Dörner, Andreas: Politische Kultur und Medienunterhaltung. Zur Inszenierung politischer Identitäten in der amerikanischen Film- und Fernsehwelt. Konstanz: Univ.-Verl. 2000

Jewett, Robert/Lawrence, John Shelton: The American Monomyth. Lanham [u.a.]: University Press of America 1988